Milionario Con L'interesse Composto:

Riduci i Risparmi per Creare un Flusso Costante di Reddito Passivo

Di

Joe Correa

COPYRIGHT

RINGRAZIAMENTI

Questo libro non avrebbe potuto essere scritto senza il supporto e la motivazione della mia famiglia. Affinché tutte le persone del mondo che vogliono un futuro finanziario migliore, per se stessi e per la loro famiglia, possano trovare in questo libro uno strumento utile e pratico per raggiungere il loro obiettivo.

Milionario Con L'interesse Composto:

Riduci i Risparmi per Creare un Flusso Costante di Reddito Passivo

Di

Joe Correa

SULL'AUTORE

Per molti anni ho aiutato persone a finanziare le loro case o a diminuire i loro pagamenti. Ho lavorato per diverse banche, finanziatori ed una grande ditta di consulenza finanziaria. Ho iniziato come professore di matematica presso il Miami-Dade Community College insegnando, all'età di 23 anni, tutte le materie scientifiche che mi si chiedeva di insegnare, cosa in un certo senso terribile per molti dei miei studenti, in quanto molti di loro avevano la mia età o qualche anno in più, ma la mia abilità nell'insegnare agli altri e di padroneggiare la matematica mi hanno aiutato a rendere facili certi argomenti difficili da capire.

Ecco perché il numero di studenti alle mie lezioni ha continuato a crescere. Sono stato contattato dalla banca Union Planters, oggi Regions Bank, una delle più grandi banche del paese, e ho lavorato per loro come agente commerciale finanziario in una delle loro filiali. Questo mi ha permesso di imparare molto e mi ha permesso di capire il valore di aiutare gli altri. Giorno dopo giorno mi sono occupato di equity sulla casa e di prestiti per l'acquisto delle casa e ho avuto molti altri incarichi. Mi piaceva in modo particolare chiudere prestiti per l'acquisto della casa e ho cominciato ad approfondire l'argomento andando a lavorare in un'azienda di finanziamenti. Un anno dopo mi sono messo in proprio e sono diventato finanziatore. Ho aiutato centinaia di persone ad acquistare la casa, rifinanziare i loro pagamenti verso il basso e migliorare la loro vita finanziaria. Quando l'economia ha iniziato a rallentare e le banche hanno smesso di concedere prestiti, ho deciso di focalizzarmi su come aiutare gli investitori a diventare consulenti. Ho preso l'abilitazione ed ho iniziato la mia attività di consulente. Molti investitori avevano perso fiducia nell'economia e non erano più inclini ad investire, dunque ho deciso di aiutarli educandoli con i miei libri.

INTRODUZIONE

Milionario con l'interesse composto: riduci i risparmi per creare un flusso costante di reddito passivo

Di Joe Correa

Il milionario dell'interesse composto è una persona che ottiene interessi pagati ogni mese, anziché pagare gli interessi ad una banca o ad altri finanziatori. Questa persona ha il tempo per godersi le cose belle della vita, invece di lavorare tutta la giornata in posti di lavoro che non gli piacciono. Il milionario dell'interesse composto non ha particolari abilità né un quoziente d'intelligenza particolarmente elevato. Questa persona ha semplicemente appreso il segreto dell'interesse composto e lo ha saputo sfruttare.

Ci credete se vi dico che si può diventare milionari con l'interesse composto? Tutto ciò che serve è: un reddito mensile per essere in grado di risparmiare ogni mese, un interesse composto per far crescere questi risparmi ed il know-how per riorganizzare le finanze. Questo libro vi insegnerà le tecniche passo dopo passo.

Che cosa è l'interesse composto? L'interesse composto è l'interesse che ricevete sui fondi che depositate in un conto bancario e che può essere composto su base mensile. È anche conosciuto come "interesse sull'interesse". La maggior parte delle banche offre conti di risparmio che compongono gli interessi mensilmente, il che è uno dei modi migliori per accumulare denaro nel tempo. Immaginate di poter ricevere un reddito supplementare ogni mese sotto forma di interessi pagati dalla banca.

Come è possibile?

Diciamo che dopo aver dedotto tutte le spese dal reddito corrente (stipendio o profitti aziendali) potrete risparmiare 2.000 € ogni mese e depositare tale importo in un conto di risparmio che accumula gli interessi che guadagna una resa percentuale annua del 1% (APY) che sarebbe Il vostro tasso di rendimento annuale se si tiene conto dell'effetto sorprendente degli interessi composti. Dopo 30 anni avrete accumulato 839.256 €.

Se avete la possibilità di risparmiare 2.500 € al mese, avrete 1.049.071 € dopo 30 anni. Aumentando la vostra capacità di risparmio ogni mese di soli 500 €, potrete risparmiare un totale di 1.049.071 €.

Questo è il modo in cui il vostro denaro verrebbe composto in 30 anni risparmiando 2.500 € ogni mese e guadagnando a un tasso di interesse dell'1%. Potreste guadagnare oltre 800 € ogni mese semplicemente dagli interessi. Se ricevete un tasso di interesse più elevato, potreste risparmiare ancora di più ed aumentare il vostro reddito passivo.

E' una quantità incredibile di denaro che potreste guadagnare facendo semplicemente depositi mensili di 2.500 € e ottenendo un interesse del 1% che si compone mensilmente nel vostro conto di risparmio. Sembra troppo bello per essere vero, ma questo è il potere dell'interesse composto.

Questo libro vi insegnerà come diventare un milionario dell'interesse composto, seguendo semplici passi che massimizzeranno l'effetto che potete ottenere nella vostra vita finanziaria.

Potreste diventare ricchi senza dover fare niente di speciale o senza essere geni. Se siete in grado di diventare ricchi facendo qualcosa di diverso, fatelo comunque, ma questo è un modo per farlo seguendo un processo semplice che richiede poco tempo e poco sforzo.

La cosa migliore dell'interesse composto è che ricevete questa forma di reddito ogni mese senza dover fare niente dopo che avete depositato i vostri risparmi mensili sul conto di risparmio con guadagno di interessi che si compongono ogni mese.

Perché non tutti lo fanno?

Alcune persone non controllano i numeri e in questo modo non sanno cosa guadagnano fino alla fine. Altre persone sono scettiche quando si tratta di denaro. Alcuni vogliono solo diventare ricchi subito, ma in questo modo non si fanno soldi in maniera duratura. Come si dice "arrivano facilmente e se ne vanno facilmente". Quante volte avete sentito parlare del notaio, dell'attore o anche dell'atleta che diventano ricchi in fretta e poi perdono tutto in pochi anni? Imparare a gestire il denaro può essere molto semplice e gratificante.

Smettere di pagare gli interessi e iniziare a ricevere interessi ogni mese!

Che cosa aspettate? Fatelo.

INDICE

Capitolo 10: riassumendo il tutto

Condividete la conoscenza

Glossario

Capitolo 1

Il milionario dell'interesse composto

"L'interesse composto è l'ottava meraviglia del mondo".

Albert Einstein

Il milionario dell'interesse composto è una persona che non si basa più sul reddito professionale. Questa persona segue un piano finanziario specifico ogni giorno e rimane fedele ad esso. Il milionario dell'interesse composto ha interesse a guadagnare interesse. Questa persona ha un interesse che si compone spesso, minore è il lasso di tempo, più potente è l'effetto. Questi pagamenti di interessi che il milionario di interesse composto riceve continuano a crescere nel tempo. Questa persona ha più tempo per godersi la vita e da trascorrere con la famiglia.

Chiunque può diventare un milionario di interesse composto se si decide di cambiare vita e capovolgere le proprie tabelle finanziarie. Invece di pagare interessi ogni mese, si può iniziare a ricevere pagamenti di interessi. Con il tempo i redditi da interessi sul vostro conto creeranno un effetto potente sulle vostre finanze generali e sulla vostra vita. L'interesse può essere un reddito consistente e sicuro che è possibile ricevere su base mensile.

Perché non tutti sono milionari dell'interesse composto?

In primo luogo, bisogna pensare che sia possibile e mettersi nella giusta disposizione mentale. In secondo luogo, all'inizio sono richiesti sacrifici e la ristrutturazione del debito e delle spese diventa una priorità. In terzo luogo, l'abitudine di risparmiare ogni mese un importo specifico dovrebbe diventare automatico. In quarto luogo, bisogna essere coerenti con l'operazione ogni mese. Questi sono i motivi per cui la maggior parte delle persone non sono milionari dell'interesse composto.

Se faccio queste quattro cose, diventerò un milionario dell'interesse composto?

Sì, ci sono dettagli specifici che dovete prendere in considerazione, ma in generale queste quattro cose vi permetteranno di diventare milionari dell'interesse composto:

1. Abbassare o eliminare la maggior parte delle vostre spese

2. Risparmiare un importo specifico di denaro ogni mese

3. Mettere quel denaro in un conto di risparmio che accumula interessi che si sommano mensilmente, senza ritirarli.

4. Aumentate il vostro reddito iniziando una vostra attività in modo da poter risparmiare di più.

Come farete queste quattro cose farà la differenza principale poiché alcune persone risparmiano molto poco, mentre altre hanno troppe spese.

È l'interesse guadagnato ogni mese la cosa più importante quando si cerca di diventare un milionario dell'interesse composto?

Sì, l'interesse ricevuto ogni mese è importante e contribuisce ad accelerare il processo, ma l'abitudine generale al risparmio è ciò che realmente fa la maggiore differenza nel tempo. La cosa più importante da fare è effettuare costantemente depositi mensili sul vostro conto risparmio in modo che possa accumulare mensilmente gli interessi.

Qual è il modo più veloce per aumentare il reddito e risparmiare di più?

Il modo più veloce per guadagnare di più è spendere meno. Ciò include, eliminare i pagamenti dei debiti, le spese inutili e altre tasse mensili. Ad esempio, se si ci si libera di 1.000 € di spese mensili, sarebbe come ricevere 1.500 € di reddito in più se siete un dipendente e vi prelevano le tasse e altre deduzioni ogni mese direttamente dallo stipendio. Eliminando ogni mese i pagamenti e le spese per 1.000 € e depositandoli in un conto di risparmio con guadagno pari all'1% potrebbero diventare 419.628 € se accumulati mensilmente per 30 anni.

Come può qualcosa di così semplice essere così redditizio?

L'interesse composto è potente ed efficace. Le persone che diventano capaci a spendere ne fanno un'abitudine, mentre le persone che sono capaci nel risparmio prendono l'abitudine di risparmiare. L'abitudine al risparmio è notevolmente diminuita nella nostra società. L'utilizzo di carte di credito, invece che delle carte di debito, è comune ed è diventato un problema serio nella maggior parte delle famiglie. Seguire la massa non è la soluzione. La soluzione deriva dall'uso di vecchi metodi che funzionavano in passato e funzionano ancora meglio oggi. Risparmiare sul lavoro ed aumentare il reddito da interessi utilizzando l'interesse composto offre un grande impulso nel corso del tempo.

Quando devo iniziare a utilizzare l'interesse composto?

Il più presto possibile. Prima inizierete e più rapidamente crescerà il vostro risparmio che vi permetterà di ricevere pagamenti di interessi più elevati, il che a sua volta accelererà il processo di risparmio. Ecco perché è così importante aprire oggi un conto di risparmio di interesse (che compensa ogni mese) e cominciare a fare depositi costanti in modo che gli interessi inizino a crescere immediatamente. Iniziate da giovani e non smettete mai di fare depositi. Se siete più vecchi, potete concentrarvi semplicemente sul fare depositi sempre più alti nel conto di risparmio. L'età può diventare irrilevante se altri fattori pesano maggiormente: quanto si risparmia al mese, quale tasso di interesse viene pagato, non fare i prelievi dal conto di risparmio, mantenendo basso il reddito imponibile (chiedete al vostro commercialista informazioni a questo proposito) ecc.

Che cosa significa avere un interesse mensile?

Quando l'interesse viene composto mensilmente, riceverete pagamenti di interessi mensili sui fondi originariamente depositati e quindi riceverete interessi su quegli interessi e sul denaro iniziale che avevate depositato. Ecco perché l'interesse composto è comunemente indicato come "interesse sull'interesse".

Quando l'interesse viene composto annualmente, si riceverà il pagamento degli interessi su base annua sul denaro depositato. I pagamenti mensili sono sempre migliori dei pagamenti annui degli interessi.

Quando l'interesse viene composto quotidianamente, riceverete il pagamento degli interessi su base giornaliera in modo da poter guadagnare ogni giorno. L'interesse composto quotidianamente è preferibile a quello mensile o annuale, in quanto guadagnerete di più al termine del periodo di risparmio. Ci sono anche alcune banche che offrono un interesse composto quotidiano sui conti di risparmio. Ricerca online per vedere quali sono e cosa offrono.

Qual è la differenza tra tasso percentuale annuo e rendimento percentuale annuo?

C'è una grande differenza tra questi due elementi. Nel primo caso si pagano gli interessi mentre nel secondo si ricevono pagamenti di interessi.

Un tasso percentuale annuo, o APR, come è comunemente noto, è il tasso d'interesse annuale che voi pagate sui fondi presi in prestito. Non tiene conto degli interessi composti, ma se si effettua il pagamento minimo su una carta di credito, si finisce per portare gli interessi al mese successivo ed essi diventano interessi composti perché si inizierà a pagare gli interessi sugli interessi dovuti. Questo è il tasso che generalmente si paga quando ricevete la maggior parte delle tipologie di prestito. Esempi comuni di prestiti sono: prestiti casa, prestiti auto, carte di credito, prestiti personali, prestiti per studenti, ecc.

Il rendimento percentuale annuo, o APY, come è anche noto, è L'effettivo tasso annuo di rendimento, l'ammontare che <u>vi viene pagato</u> se tenete conto dell'effetto sorprendente dell'interesse composto. Questo è il tasso di cui si parla quando si deposita denaro in un conto di risparmio o la maggior parte degli interessi che si guadagnano con i conti bancari che compongono interessi.

C'è una grande differenza nel pagare degli interessi sui prestiti (APR) rispetto a ottenere interessi pagati sui risparmi (APY), specialmente quando i secondi si possono comporre su base mensile a vostro favore. Se non conoscete questa differenza può essere un problema, ma non preoccupatevi, prenderemo in esame i passi che è possibile adottare per correggere questo problema.

Il vostro obiettivo sarà quello di passare dal pagamento di un APR (su un prestito) per ottenere il pagamento di un APY (su risparmio). Ecco perché il pagamento dei debiti e il risparmio di denaro è così importante per il

vostro futuro. È la differenza tra essere poveri e debitori ed essere ricchi e prosperi.

APR = negativo

APY = positivo

È semplicissimo!

Rivedete la vostra situazione attuale e vedete in che categoria vi trovate. Sono nella categoria APR o nella categoria APY? Dovete molto denaro o risparmiate denaro?

Quanto spesso si compone l'interesse?

L'interesse può essere composto quotidianamente (365 volte l'anno), mensilmente (12 volte l'anno), trimestralmente (4 volte l'anno), semestralmente (2 volte l'anno) o ogni anno (1 volta all'anno). Alcune banche offrono un'interessante interesse composto quotidiano che ti aiuterà anche più dell'interesse composto su base annua. La maggior parte delle banche offre un tasso di interesse mensile, il che significa che state ottenendo interessi pagati su base mensile, in modo che gli interessi possono comporsi ogni mese. Questo sistema vuol dire ricevere "interesse su interesse".

È meglio ricevere interessi pagati su base giornaliera o annuale?

Quanto prima si ottiene il pagamento degli interessi e meglio è. Quando andate in banca chiedere loro se su conto di risparmio gli interessi vengono pagati su base mensile o quotidiana. Se vi dicono che gli interessi vengono pagati su base semestrale o annuale, andate in un'altra banca. Se vengono pagati giornalmente o mensilmente, in questo caso bene. Alcune banche online offrono le migliori tariffe e offrono anche conti con interessi composti pagati quotidianamente. Assicuratevi che siano banche coperte da assicurazione (FDIC). Inoltre, confrontate i tassi di interesse sui conti di risparmio, poiché alcune banche non pagano quasi nulla di interessi mentre altre pagano un importo significativo. Se una banca è famosa o avete amici che hanno un conto lì, ma paga un tasso di interesse basso, andate in un'altra banca che paga di più. Fate dell'interesse composto il vostro migliore amico d'ora in poi. Ricordate, prima si compone l'interesse, più rapidamente cresceranno i risparmi. I conti di risparmio con composizione mensile di interessi sono i più comuni sistemi di pagamento offerti dalle banche.

Devo aprire un conto di risparmio per i miei bambini?

Questa è una delle cose migliori che potete fare per i vostri figli, specialmente se iniziate a fare depositi in quel conto quando sono giovani. Tanto più giovani sono, tanto meglio. L'interesse composto per molti anni vi può solo dare vantaggio. Anche se fate pagamenti molto piccoli sul conto del vostro bambino ogni mese, l'interesse si comporrà e quando sarà il momento, avranno abbastanza risparmi per comprarsi una casa, avviare un'attività, andare al college o continuare a comporre l'interesse. Ancora una volta, assicuratevi di cercare le tariffe migliori presso banche diverse, potreste trovare conti di risparmio per bambini dagli interessi molto alti.

Gli addebiti in conto automatici sono un'idea buona o cattiva?

Sono spesso stupito di vedere quante persone accettano di far prelevare automaticamente le loro bollette mensili dai loro conti bancari ogni mese, ma effettuano depositi direttamente sui loro conti di risparmio. Nel valutare se si desidera o meno avere addebiti automatici dal vostro conto bancario per pagare le bollette o per trasferire i vostri risparmi, assicuratevi di dare la priorità al trasferimento dei risparmi e in secondo luogo ai pagamenti delle bollette. Per molti anni è stata una regola per la gestione del denaro, "pagate sempre voi stessi per primi". Se non trovate il modo per pagare prima, finirete per non avere più nulla da depositare sul vostro conto di risparmio una volta pagati tutti i debiti e le spese.

Ricordate che APY ha la priorità rispetto ad APR. Dovreste ottenere il pagamento dell'interesse prima di tutto e per fare questo, dovete prima risparmiare.

Cosa è più prezioso, il tempo o il denaro?

Entrambi sono importanti, ma il tempo è più prezioso perché si esaurisce, nessuno può creare del tempo in più ed il tempo non si può comprare, anche se avete un mucchio di soldi. Il reddito da interessi è considerato una forma di reddito passivo, perché non dovete lavorare per ottenere questo reddito. Non dovendo lavorare per quel reddito, avrete più tempo libero. Questo tempo libero potrà essere utilizzato per fare e godere altre cose, dal momento che non dovrete più lavorare per ottenere quel denaro. Considerate quanto ciò sia utile.

SINTESI CAPITOLO

La comprensione dell'interesse composto può essere difficile all'inizio, ma una volta che comincerete a guadagnare, vedrete cosa significa ricevere interessi ogni mese. Non importa se potete fare piccoli o grandi depositi. Tutto ciò che conta è iniziare e proseguire. Eseguite delle ricerche per assicurarvi che il vostro conto di risparmio di interesse accumuli interesse su base mensile o addirittura giornaliera. Mai pagare interessi, pianificate sempre di ricevere pagamenti di interessi, utilizzando l'interesse composto del conto di risparmio e riceverete pagamenti ogni mese. Prendete in considerazione l'apertura di un conto di risparmio per i vostri figli, se ne avete, per avviarli presto al risparmio.

Capitolo 2

Forme di reddito passivo ed il loro grado di rischio

"Noi otteniamo interesse composto sull'intero capitale di conoscenza e virtù accumulate fin dagli albori del tempo."

Arthur Conan Doyle

Guadagnare reddito passivo dovrebbe essere il vostro obiettivo finale. Il reddito passivo è il reddito che ricevete che lavoriate o no. La maggior parte delle persone lavora duramente per risparmiare ed accumulare cose, ma se queste cose non possono generare reddito passivo, allora dovrete continuare a lavorare per generare reddito. La creazione di reddito passivo è più facile da dire che da fare, ma con un certo impegno e qualche pianificazione ci si può avviare sulla strada giusta. Ci sono forme semplici ma efficaci di reddito passivo che è possibile iniziare a ricevere, ma è importante capire cosa sono e che cosa richiedono. Andiamo ad affrontare alcune delle forme più comuni di reddito passivo a disposizione di quelle persone che cercano di creare un nuovo flusso di reddito passivo.

1. PROVENTI DI INTERESSE DA UN CONTO DI RISPARMIO

Quando avete un conto di risparmio, i vostri soldi sono immediatamente disponibili e per la maggior parte del tempo non dovete mantenere alcun deposito minimo.

Se gli interessi guadagnati sono composti mensilmente, siete sulla buona strada e questo dovrebbe essere l'unico modo per fare un deposito. Sfruttate sempre i tassi di interesse più elevati che vengono offerti. Alcune banche online hanno le migliori tariffe, e voi potreste fare delle ricerche per scoprire cosa offrono. Alcune banche richiedono importi minimi di deposito mentre altre non impongono minimi. Alcune banche richiedono che voi facciate versamenti diretti ogni mese sul vostro conto, mentre altre non lo richiedono. Cercate un conto di risparmio che abbia un elevato tasso di interesse, interessi composti mensili e che abbia poche richieste e restrizioni. Ciò renderà le cose semplici e vi aiuterà a raggiungere il vostro obiettivo di creare reddito passivo. Dovreste vedere un pagamento di interessi versato sul vostro conto di risparmio ogni mese. Avete lavorato poco o nulla per quel denaro e questa è la magia del reddito passivo. Se avete soldi in giro in un conto corrente senza interessi o in un altro luogo, perdete il reddito passivo che potreste avere su base mensile. La maggior parte dei depositi di conti di risparmio sono assicurati ma controllate sempre che questo valga anche per la vostra banca.

2. PROVENTI DI INTERESSE DA UN CERTIFICATO DI DEPOSITO

Sui certificati di deposito, i vostri soldi non sono disponibili fino al termine stabilito del certificato, a meno che non paghiate penali o spese imposte dalla banca. Assicuratevi che i vostri depositi siano assicurati. I "CD" come spesso vengono chiamati, non compongono l'interesse mensilmente, poiché gli interessi dovuti vi vengono pagati soltanto quando il certificato scade e ciò potrebbe essere in 3 mesi, 4 mesi, 6 mesi, 1 anno, 2 anni, 3 anni o addirittura 5 anni. È comunque un reddito passivo in quanto non dovete lavorare per quei soldi, ma dovete aspettare che il certificato scada per ricevere i vostri interessi oltre il deposito originale. Assicuratevi sempre di andare in banca quando il certificato di deposito scade poiché alcune banche rinnovano automaticamente il vostro certificato dopo che è passato un certo tempo. Controllate con il vostro consulente della banca, poiché ogni banca offre diversi prodotti.

3. PROVENTI DI INTERESSE DA UN CONTO DEL MERCATO MONETARIO

Nei conti del mercato monetario i vostri fondi sono disponibili immediatamente, ma spesso richiedono che il conto venga aperto e mantenuto con un importo minimo specifico per evitare commissioni e spese. Inoltre, la maggior parte dei conti del mercato monetario presentano restrizioni su quanti depositi e prelievi possono essere effettuati ogni mese. L'aspetto vantaggioso dei conti del mercato monetario è che il tasso di interesse è normalmente superiore a quello di un conto di risparmio o di un certificato di deposito, il che significa che riceverete pagamenti di interessi più elevati. Quando avete pagamenti di interessi più elevati il vostro reddito passivo è più alto e la vostra capacità di comporre interesse mensilmente sarà maggiore. La maggior parte dei conti del mercato monetario sono assicurati, ma controllare sempre con la vostra banca o ricercate online per rivedere tutti i requisiti del conto. Inoltre, assicuratevi che l'interesse sia composto su base mensile o addirittura quotidianamente, come avviene spesso su questo tipo di conti.

4. INTERESSE DERIVANTE DA UNA RENDITA

I tassi di interesse sono di solito più alti ma i fondi non sono disponibili senza penalità fino ad un periodo specifico e dovrete anche avere un'età minima per iniziare. Il rischio di non essere rimborsati è superiore alle ultime tre opzioni. Questo prodotto finanziario non è assicurato, per questo ha un grado più elevato di rischio. Per ulteriori informazioni, consultate il vostro consulente finanziario oppure il funzionario della banca.

5. REDDITO DA AFFITTO DI IMMOBILI

Il reddito da locazione immobiliare è un ottimo modo per ottenere un reddito passivo. Questa forma di reddito passivo richiede che manteniate la proprietà che state affittando in buone condizioni per i vostri inquilini. Ciò significa che se il frigorifero smette di funzionare in una delle vostre case in affitto, è necessario risolvere il problema o chiamare qualcuno per andare a fare la riparazione e pagare il servizio. Avete anche ulteriori spese da coprire come: assicurazioni, tasse, falciatura del prato, talvolta acqua e elettricità (se non vengono pagati dall'inquilino). Quando affittate un immobile siete considerati padroni di casa. In un certo senso, i redditi che ricevete su base mensile, sotto forma di pagamenti di affitto, possono essere composti mensilmente se reinvestite questo denaro in un'altra proprietà da affittare ogni mese, ma per acquistare più immobili dovrete avere notevoli quantità di reddito immobiliare. Dopo aver pagato tutte le spese, il reddito da affitto che rimane, rappresenta il vostro reddito passivo. Può essere una grande forma di reddito passivo, se si è in grado di eliminare la maggior parte delle spese se non dovete costantemente risolvere problemi. Alcune persone acquistano una proprietà e la affittano fino a quando il mutuo viene pagato e quindi entrano in possesso della proprietà senza pagamenti ipotecari. A quel punto, iniziano a ricevere un flusso di cassa positivo dalla loro attività di locazione, il che significa fondamentalmente che stanno accumulando denaro dopo che tutte le spese sono state pagate.

Non comprate mai una proprietà in affitto dove c'è un flusso di cassa negativo, Il che significa una proprietà dove si hanno più spese rispetto agli introiti e si devono prendere soldi dalle proprie tasche per coprire la differenza negativa del flusso di cassa.

Un ulteriore vantaggio di possedere immobili in affitto è quello che le vostre proprietà immobiliari potranno aumentare di valore nel tempo e vi permetteranno di avere più possibilità. Avere più equity, ossia la differenza tra ciò che dovete sulla vostra ipoteca ed il valore reale della vostra proprietà, può essere vantaggioso se si richiede un prestito per un'altra proprietà in affitto. Può anche essere vantaggioso quando decidete di vendere la proprietà in affitto e trarre profitto sulla vendita.

L'acquisto di immobili in affitto per generare redditi da locazione richiederà un approccio più pratico rispetto alle ultime quattro opzioni di reddito passivo menzionate prima, ma può diventare un'altra forma di reddito passivo utile per voi nel tempo.

6. PROVENTI DA DIVIDENDI AZIONARI

Quando acquistate azioni da una società potreste ricevere redditi da dividendo sotto forma di denaro, se l'azienda offre tale beneficio ai possessori delle proprie azioni. Alcuni pagamenti di dividendi vengono effettuati mensilmente, alcuni trimestralmente ed alcuni annualmente. Il prezzo delle azioni acquistate può salire o scendere e questo influirà sul pagamento dei dividendi ricevuti, questo può essere il principale rischio per questo tipo di reddito passivo. Per le persone che ricevono azioni societarie come una forma di pagamento oltre al loro stipendio, questo può essere un grande vantaggio. Le persone che acquistano azioni solo per ricevere i pagamenti dei dividendi dovrebbero consultare un pianificatore finanziario o un consulente per gli investimenti, in quanto possedere azioni può significare un alto rischio o un guadagno. Le azioni non sono assicurate.

7. REDDITI DA PROFITTI D'AZIENDA

Possedere un business o un franchising può essere molto vantaggioso. Possedere un business può significare molte cose. Un'impresa può fornire un reddito passivo consistente, benefici fiscali e flessibilità. Può anche significare che potreste lavorare più a lungo per avere a mala pena un reddito sufficiente per coprire le spese.

Possedere un'azienda può significare avere un risultato ad alto rischio / guadagno. Ciò significa che potreste avere un grande successo oppure molto insuccesso.

La grande differenza tra questo tipo di reddito passivo e gli altri precedenti è che può dipendere quasi interamente su quanto successo avrete. Potrebbe essere necessario dedicare molte ore, i primi anni, per aiutare la vostra azienda a crescere e ad iniziare a vedere un reddito passivo consistente se la vostra attività è stata strutturata correttamente.

Molte persone iniziano un'attività per via dei vantaggi fiscali che offre. Ad esempio, quando ricevete uno stipendio, le tasse vengono detratte prima che voi siate pagati e poi voi utilizzate quel denaro per pagare le spese. Quando avete la vostra attività, per prima cosa togliete le spese e poi pagate le tasse su quel denaro. La situazione di ciascuno è diversa, quindi assicuratevi di consultare il vostro commercialista prima di iniziare la vostra attività.

REPILOGO

La mia forma preferita di reddito passivo è il reddito da interessi provenienti da conti di risparmio o da conti del mercato monetario, perché offrono la massima flessibilità e liquidità (il denaro è disponibile in qualsiasi momento). Ma la ragione più importante per cui sono una grande opportunità è che gli interessi composti su base mensile vi consentiranno di accumulare denaro più velocemente nel tempo in modo consistente ed affidabile. Questo vi permetterà di avere più tempo libero per fare altre cose. Potete decidere cosa preferite fare con i vostri soldi, basta sentire il vostro consulente finanziario o il vostro commercialista per assicurarvi di fare le cose correttamente.

SINTESI CAPITOLO

Ci sono molti tipi di reddito passivo ed ognuno ha un proprio grado di rischio. Bisogna scegliere quanto rischio prendere, ma è importante sapere che non dovete assumere rischi per ricevere un reddito passivo. Gli interessi attivi dei conti di risparmio costituiscono un modo molto semplice per creare reddito passivo su base mensile. Assicuratevi di considerare tutte le tue opzioni e decidete quali sono quelle che si adattano meglio a voi in base allo stile di vita che desiderate avere in futuro. Avere un reddito passivo è un ottimo modo per generare reddito, soprattutto quando è su base mensile.

Capitolo 3

Ridurre il debito della vostra carta di credito per creare reddito passivo

"Un investimento oculato rende il miglior interesse."

Benjamin Franklin

Se i pagamenti della vostra carta di credito sono di 300 € ogni mese e siete debitori di 17.000 €, questo significa che avete 300 € da utilizzare come risparmio per creare reddito da interessi. Se avete un tasso di interesse del 15% sulla carta di credito, dovreste trovare un investimento che rende almeno il 15% per ricevere gli stessi 300 € di reddito. Se aveste a disposizione 17.000 € che potreste utilizzare per pagare il debito della vostra carta di credito, sarebbe saggio utilizzarli a questo scopo, poiché la maggior parte degli investimenti che vi pagheranno il 15% richiederà una qualche forma di rischio da parte vostra, ma pagando il debito della carta di credito non ci sarà alcun rischio, se avrete ulteriori risparmi per le spese future. Gli stessi 300 € che non pagherete ogni mese alla vostra compagnia di carte di credito, potrebbero ora andare a far crescere il vostro conto di risparmio, facendovi guadagnare interessi. Da ora in poi riceverete reddito passivo ogni mese. State sostituendo i pagamenti di interessi con il reddito di interesse. State passando da APR ad APY in modo tale che potrete assistere ad una crescita finanziaria e non al debito nel corso degli anni. Vediamo quanto potreste accumulare in 30 anni utilizzando un calcolatore di interessi composti mensilmente ad un tasso di interesse dell'1%.

ECCO I NUMERI:

La situazione finanziaria attuale:

Debito della carta di credito: 17.000 €

Pagamenti mensili della carta di credito: 300 €

Spese varie: 950 €

Conto di risparmio: 25.000 €

Reddito mensile: 4.000 €

Reddito meno i pagamenti della carta di credito e altre spese vi diranno quanto si può risparmiare ogni mese.

4.000 € - 300 € - 950 € = 2.750 €

Questo è quello che avete a disposizione per iniziare a guadagnare interessi composti su: 2.750 €

Se risparmiate 2.750 € ogni mese e depositate questo importo su un conto di risparmio ad interesse composto mensilmente, avrete un totale di 1.187.720 € dopo 30 anni (supponendo che vi avviate con un deposito iniziale di 25.000 € come in questo esempio).

Esaminiamo ora come l'interesse si compone ogni anno:

Anno 1: 58.403 €

Anno 2: 92.141 €

Anno 3: 126.219 €

Anno 4: 160.638 €

Anno 5: 195.404 €

Anno 6: 230.518 €

Anno 7: 265.986 €

Anno 8: 301.810 €

Anno 9: 337.993 €

Anno 10: 374.540 €

Anno 11: 411.455 €

Anno 12: 448.740 €

Anno 30: 1.187.720 €

Abbiamo saltato gli anni 13-29 per semplificare l'esempio, ma la chiave è notare la crescita graduale quando si utilizza interesse composto.

Miglioramento della situazione finanziaria:

Ora state per pagare il debito della vostra carta di credito utilizzando i vostri risparmi. Dovreste avere questo reddito disponibile ogni mese:

4.000 €- 950 € = 3.050 €

Questo è quello che avete a disposizione per iniziare a guadagnare interessi composti su: 2.750 €

Se risparmiate 2.750 € ogni mese e depositate questo importo su un conto di risparmio ad interesse composto mensilmente, avrete un totale di 1.187.720 € dopo 30 anni (supponendo che vi avviate con un deposito iniziale di 25.000 € come in questo esempio).

Esaminiamo ora come l'interesse si compone ogni anno:

Anno 1: 44.849 €

Anno 2: 82.067 €

Anno 3: 119.660 €

Anno 4: 157.630 €

Anno 5: 195.982 €

Anno 6: 234.719 €

Anno 7: 273.845 €

Anno 8: 313.365 €

Anno 9: 353.281 €

Anno 10: 393.598 €

Anno 11: 434.320 €

Anno 12: 475.452 €

Anno 30: 1.290.664 €

Abbiamo saltato gli anni 13-29 per semplificare l'esempio, ma la chiave è notare la crescita graduale quando si utilizza l'interesse composto.

La differenza tra estinguere il debito da carta di credito dopo 30 anni oppure no è stata di 102.944 €. Avete accumulato 102.944 € in più pagando 17.000 € di debito sulla carta di credito. Un ritorno del 16,5% sull'investimento relativo all'estinzione della carta di credito. Una decisione intelligente.

17.000 €/ 102.944 € = 16.5%

Confrontiamo quanto potreste risparmiare in 30 anni utilizzando diversi importi di pagamento con carta di credito:

Se avete 250 € di per pagamenti con carta di credito ogni mese, potete risparmiare complessivamente 104.907 € in 30 anni, pagando il debito e depositando lo stesso importo in un conto di risparmio che componga interessi su base mensile, ad un tasso di interesse del 1 %.

Se pagate 450 € per pagamenti con carta di credito ogni mese potete risparmiare complessivamente 188.833 € in 30 anni estinguendo il debito e versando la stessa somma in un conto di risparmio che comporti un interesse mensile ad un tasso del 1% ad un tasso di interesse di 1 %.

Se fate 750 € in pagamenti con carta di credito ogni mese, potete risparmiare un totale di 314.721 € in 30 anni pagando vostri debiti e depositando lo stesso importo in un conto di risparmio che comporti un interesse mensile ad un tasso d'interesse al 1 %.

Se fate 1.500 € di pagamenti con carta di credito ogni mese, potete risparmiare complessivamente 629.442 € in 30 anni, pagando il debito e depositando lo stesso importo in un conto di risparmio che componga interessi su base mensile, ad un tasso di interesse del 1 %.

PIANO DI ESTINZIONE DEL DEBITO DA CARTA DI CREDITO

E' essenziale avere un piano per l'estinzione dei debiti da carta di credito. Ecco alcune cose che potete fare per estinguere prima il debito della vostra carta di credito:

1. Chiamate la banca e chiedete loro di abbassare il tasso di interesse.

2. Chiamate la banca e negoziate un importo inferiore in caso di rimborso anticipato. Questo funziona bene, quando si propone di estinguere completamente il debito o quando si sono fatti pagamenti in ritardo.

3. Aumentate il vostro punteggio di credito per ottenere una carta di credito a basso interesse e trasferire il debito della carta di credito ad interesse alto alla carta di credito a interesse basso.

4. Effettuate ulteriori pagamenti principali per abbassare il bilancio della vostra carta di credito ed estinguere il debito.

5. Estinguete i debiti di quelle carte di credito che richiedono pagamenti più alti per liberare i contanti.

6. Rifinanziate la vostra casa e consolidate il debito includendo le carte di credito nel vostro mutuo

ottenendo un solo pagamento ad un tasso di interesse basso e fisso.

7. Utilizzate i vostri risparmi per pagare tutto il debito della vostra carta di credito. Assicuratevi solo di avere abbastanza soldi da parte per le emergenze. In generale, avrete sempre 6 - 12 mesi di pagamenti domestici totali sotto forma di risparmi, nel caso in cui doveste perdere il tuo lavoro o la vostra attuale fonte di reddito. Essere preparati è meglio che farsi cogliere di sprovvista e dover ricorrere ad un ulteriore debito invece di uscire dal debito.

SINTESI CAPITOLO

Pagare gli interessi sulle carte di credito è un grosso problema che molte persone hanno in tutto il mondo. La soluzione è eliminare questo problema pagando tutti i debiti e facendo tutto ciò che è necessario per iniziare a risparmiare, in modo da poter guadagnare reddito passivo sotto forma di reddito di interessi. Ricordate, pagare gli interessi è negativo e guadagnare interessi è positivo. Guadagnare interesse composto è l'obiettivo reale quando si cerca di ottenere una vera stabilità finanziaria e la crescita economica. Il debito non è mai la soluzione, dunque fatevi un piano e seguitelo.

Capitolo 4

Ridurre il debito ipotecario per creare reddito passivo

"Investite sulla salute, investite sull'amore, investite sulla conoscenza ma, soprattutto, investite sull'interesse composto."

Anonimo

Il pagamento del vostro mutuo è un passo importante per eliminare il debito ed aumentare il reddito passivo. Pagare gli interessi per 30 anni può ridurre notevolmente la vostra capacità di risparmiare. Dovete avere un posto dove vivere e dovete finalmente possedere una casa. Per questo motivo, è importante pianificare come pagare il mutuo per liberare altri soldi che possono essere risparmiati per produrre reddito da interessi che si accumulano ogni mese.

Come fare a pagare prima il mutuo? Ci sono un sacco di cose che potete fare per estinguere prima il vostro mutuo. E dipende esclusivamente da voi quanto prima riuscirete a pagare l'ipoteca e dalla vostra capacità di ridurre le spese e generare di più reddito. Ecco un riassunto delle cose che potete fare per rimborsare prima il vostro mutuo:

1. Iniziate ad effettuare pagamenti bi-settimanali invece che pagamenti mensili.

2. Eliminate l'assicurazione sul mutuo.

3. Stipulate un mutuo a 15 anni invece che a 30 anni, se potete permettervi di effettuare i pagamenti.

4. Riducete altre spese per aumentare quanto potete pagare verso ogni mese.

5. Cercate in giro le migliori assicurazioni e ottenete tutti gli sconti possibili, per avere più liquidità disponibile per pagare il vostro mutuo.

6. Migliorate il vostro punteggio di credito in modo da ottenere tassi di interesse più bassi.

7. Applicate le esenzioni fiscali sulla proprietà di cui potreste beneficiare e pagate subito per ottenere ulteriori sconti. Tutto ciò libererà risorse per pagare il vostro mutuo.

8. Affittate spazio in casa per avere un reddito aggiuntivo e utilizzare questo reddito supplementare per pagare il vostro mutuo. Ad es: la camera degli ospiti, una stanza in più ecc.

Fare tutte queste cose dovrebbero consentirvi di pagare la vostra ipoteca più velocemente di quanto avreste mai pensato possibile.

Se utilizziamo alcuni numeri generali, vedrete l'effetto che queste 8 cose possono avere sulla vostra capacità di estinguere il mutuo. Se creerete un piano di estinzione del mutuo simile a questo, libererete denaro e non dovrete più pagare mutui. Dovrete comunque pagare l'assicurazione e le tasse sulla casa ma questi non sono considerati pagamenti di interessi, che sono quelli che stiamo cercando di eliminare per iniziare invece a ricevere pagamenti di interessi.

ESEMPIO DI ESTINZIONE ACCELERATA DEL MUTUO

La situazione finanziaria attuale:

30 anni di ipoteca, ammontare del prestito: 200.000 €

Tasso di interesse: 5%

Assicurazione ipotecaria: 175 €

Rata ipotecaria: 1.074 €

Pagamenti assicurativi: 150 € al mese

Tassa immobiliare: 200 € al mese

Altre spese: 2.600 €

Reddito attuale: 6.000 €

Reddito da locazione: 0 €

Capacità di risparmio ogni mese: 1.801 €

NOTA: Questi numeri non sono destinati ad essere dati precisi e vengono utilizzati solo come esempio dato che i tassi di interesse possono fluttuare ed il risultato finale potrebbe essere diverso.

Per calcolare quanto disponiamo da risparmiare ogni mese, dobbiamo sottrarre il totale delle vostre spese dal vostro reddito totale.

Totale reddito - Totale spese = Capacità di risparmio

6.000 €- 4.199 € = 1.801 €

Importo da risparmiare ogni mese: 1.801 €

Se avete seguito il processo a 8 passaggi fornito, potrete arrivare ad avere una situazione simile a questa:

Miglioramento della situazione finanziaria:

Ipoteca a 15 anni, ammontare del prestito: 200.000 €

Tasso di interesse: 5%

Assicurazione ipotecaria: 175 €

Rata ipotecaria: 1.582 €

Pagamenti assicurativi: 90 €

Tassa immobiliare: 120 €

Altre spese: 1.500 €

Reddito attuale: 6.000 €

Reddito da locazione: 500 €

Importo risparmiato ogni mese: 3.208 €

6.500 € - 3.292 € = 3.208 €

Situazione finanziaria finale:

Quando finirete di pagare il mutuo, la vostra capacità di risparmio totale dovrebbe essere di 4.790 €.

3.208 € 1.582 €= 4.790 €

L'importo che risparmiate ogni mese, in aggiunta alla rata del vecchio mutuo, in totale vi faranno risparmiare 4.790 €.

Siamo passati dall'avere 1.081 € di risparmio ogni mese a 4.790 € di risparmi ogni mese, una volta pagato il mutuo.

Questi tre esempi ci mostrano:

Situazione finanziaria attuale: risparmiando 1.801 € al mese per 30 anni ad un tasso di interesse del 1%, che si compone ogni mese, dovreste avere un totale di 755.750 €.

Questo è il modo in cui il vostro interesse si comporrà in 30 anni:

Anno 1: 21.711 €

Anno 2: 43.641 €

Anno 3: 65.791 €

Anno 4: 88.163 €

Anno 5: 110.760 €

Anno 6: 133.584 €

Anno 7: 156.637 €

Anno 8: 179.922 €

Anno 9: 203.441 €

Anno 10: 227.196 €

Anno 11: 251.190 €

Anno 12: 275.424 €

Anno 30: $ 755.750

Abbiamo saltato gli anni 13-29 per semplificare l'esempio, ma è importante notare la crescita graduale quando si utilizza l'interesse composto.

Situazione finanziaria migliorata: risparmiando 3.208 € al mese per 30 anni, con un interesse composto mensile del 1%, arrivereste ad avere un totale di 1.3466.167 €

Questo è il modo in cui il vostro interesse si comporrà in 30 anni:

Anno 1: 38.673 €

Anno 2: 77.734 €

Anno 3: 117.188 €

Anno 4: 157.038 €

Anno 5: 197.289 €

Anno 6: 237.944 €

Anno 7: 279.007 €

Anno 8: 320.483 €

Anno 9: 362.375 €

Anno 10: 404.689 €

Anno 11: 447.427 €

Anno 12: 490.595 €

Anno 30: 1.346.167 €

Abbiamo saltato gli anni 13-29 per semplificare l'esempio, ma è importante notare la crescita graduale quando si utilizza l'interesse composto.

Situazione finanziaria finale: Risparmiando 4.790 dollari al mese per 30 anni con un tasso di interesse del 1% che si accumula ogni mese, si dovrebbe avere un totale di 2.010.019 €

Questo è il modo in cui il vostro interesse si comporrà in 30 anni:

Anno 1: 57.744 €

Anno 2: 116.068 €

Anno 3: 174.979 €

Anno 4: 234.481 €

Anno 5: 294.580 €

Anno 6: 355.284 €

Anno 7: 416.597 €

Anno 8: 478.527 €

Anno 9: 541.078 €

Anno 10: 604.258 €

Anno 11: 668.072

Anno 12: 732.528 €

Anno 30: 2.010.019 €

Abbiamo saltato gli anni 13-29 per semplificare l'esempio, ma è importante notare la crescita graduale quando si utilizza l'interesse composto.

SINTESI CAPITOLO

La più grande forma di pagamenti di interessi che farete nella vostra vita saranno i pagamenti sull'ipoteca. Ora avete la grande opportunità d diventare creditori dall'essere debitori. Trovate un modo per pagare ed eliminate l'obbligo di pagare gli interessi, questo dovrebbe essere in cima alle vostre priorità. Una volta che avete pagato la vostra ipoteca e non avete più pagamenti di interessi, potrete utilizzare i risparmi di interesse per aumentare i vostri redditi da interessi ogni mese, guadagnando interesse su interesse (interessi composti). Mettete da parte la stessa somma che pagavate per la vostra ipoteca su base mensile, ma fatelo in modo da guadagnare interessi, depositando queste somme su un conto di risparmio che componga interessi su base mensile.

Capitolo 5

Come spostare i pagamenti dell'auto in pagamenti di interessi

"Chi lo capisce, guadagna... Chi non lo capisce... paga".

Albert Einstein

Avere pagamenti sull'auto per la maggior parte delle persone è una cosa comune. Questa è una spesa normale che le persone devono sostenere ogni mese. L'obiettivo è quello di non avere pagamenti affatto se si ha la possibilità di pagare in contanti, anche se significa passare ad un modello più vecchio o ad un modello diverso, in modo da poter pagare entro un anno o due o anche meno. Se le vostre rate auto attuali sono di 400 € al mese e supponendo di finire di pagarle, in modo da non avere più pagamenti auto, potreste avere essenzialmente 400 € disponibili da risparmiare, cominciando a guadagnare interessi. Che effetti avrebbe questo cambiamento sulle vostre finanze sul lungo periodo? Come potrebbero crescere gli stessi 400 € in 30 anni con un interesse composto mensile?

Vediamo quanto gli stessi 400 € possono crescere in 30 anni se li depositate su un contro di risparmio che accumula interessi composti su base mensile, ad un tasso del 1%.

Questo è il modo in cui l'interesse sarà composto in 30 anni, se depositerete 400 € ogni mese, anziché pagare la rata dell'auto:

Anno 1: 4.822 €

Anno 2: 9.693 €

Anno 3: 14.612 €

Anno 4: 19.581 €

Anno 5: 24.600 €

Anno 6: 29.669 €

Anno 7: 34.789 €

Anno 8: 39.690 €

Anno 9: 45.184 €

Anno 10: 50.460 €

Anno 11: 55.789 €

Anno 12: 61.171 €

Anno 30: 167.851 €

Abbiamo saltato gli anni 13-29 per semplificare l'esempio, ma è importante notare la crescita graduale quando si utilizza l'interesse composto.

Dopo 30 anni di versamenti da 400 € nel vostro conto di risparmio ogni mese, avrete ottenuto un totale di 167.851 €.

In questo caso, avete sostituito le rate auto con i depositi mensili sul conto corrente ed ora potete constatare l'effetto incredibile sulla vostra capacità di risparmiare. Questo è il motivo per cui è così importante abbassare e persino eliminare quante più spese possibile. Le rate per l'automobile sono un'altra spesa che dovreste riuscire ad abbassare o eliminare.

Diamo un'occhiata ad alcuni esempi, in modo da poter vedere quanto potete risparmiare con tanti pagamenti di rate auto:

Se avete una rata auto da 300 € ogni mese, potete sostituire i pagamenti di rate auto con i pagamenti di rate interessi, estinguendo il debito dell'auto e accumulando un totale di 125.888 € in 30 anni in un conto di risparmio a interessi composti su base mensile con un tasso del 1 %.

Questo è il modo in cui l'interesse sarà composto in 30 anni, se depositerete 400 € ogni mese, anziché pagare la rata dell'auto:

Anno 1: 3.617 €

Anno 2: 7.269 €

Anno 3: 10.959 €

Anno 4: 14.686 €

Anno 5: 18.450 €

Anno 6: 22.252 €

Anno 7: 26.092 €

Anno 8: 29.970 €

Anno 9: 33.888 €

Anno 10: 37.845 €

Anno 11: 41.842 €

Anno 12: 45.879 €

Anno 30: 125.888 €

Abbiamo saltato gli anni 13-29 per semplificare l'esempio, ma è importante notare la crescita graduale quando si utilizza l'interesse composto.

Se avete una rata auto da 500 € ogni mese, potete sostituire i pagamenti della rata auto con i pagamenti di interessi, estinguendo il debito dell'auto e accumulando un totale di 209.814 € in 30 anni in un conto di risparmio a interessi composti su base mensile con un tasso del 1 %.

Questo è il modo in cui l'interesse sarà composto in 30 anni, se depositerete 500 € ogni mese, anziché pagare la rata dell'auto:

Anno 1: 6.028 €

Anno 2: 12.116 €

Anno 3: 18.265 €

Anno 4: 24.476 €

Anno 5: 30.750 €

Anno 6: 37.086 €

Anno 7: 43.486 €

Anno 8: 49.951 €

Anno 9: 56.480 €

Anno 10: 63.075 €

Anno 11: 69.736 €

Anno 12: 76.484 €

Anno 30: 209.814 €

Abbiamo saltato gli anni 13-29 per semplificare l'esempio, ma è importante notare la crescita graduale quando si utilizza l'interesse composto.

Se avete una rata auto da 700 € ogni mese, potete sostituire i pagamenti di rate auto con i pagamenti di interessi, estinguendo il debito dell'auto e accumulando un totale di 293.740 € in 30 anni in un conto di risparmio a interessi composti su base mensile con un tasso del 1 %.

Questo è il modo in cui l'interesse sarà composto in 30 anni, se depositerete 700 € ogni mese, anziché pagare la rata dell'auto:

Anno 1: 8.439 €

Anno 2: 16.962 €

Anno 3: 25.571 €

Anno 4: 34.266 €

Anno 5: 43.049 €

Anno 6: 51.920 €

Anno 7: 60.881 €

Anno 8: 69.931 €

Anno 9: 79.072 €

Anno 10: 88.305 €

Anno 11: 97.631 €

Anno 12: 107.050 €

Anno 30: 293.740 €

Abbiamo saltato gli anni 13-29 per semplificare l'esempio, ma è importante notare la crescita graduale quando si utilizza l'interesse composto.

SINTESI CAPITOLO

Pagare interessi su un'attività destinata a perdere valore è una cattiva decisione finanziaria. Prima di tutto, state pagando interessi, ed è quello che dovreste evitare. In secondo luogo, state pagando interessi su un bene (la vostra auto) che perde valore con il passare del tempo. Cercate di trovare sempre un modo per ridurre al minimo il deprezzamento con l'acquisto di automobili quasi completamente nuove (se usate, in buone condizioni), in modo da evitare la perdita di valore che di solito avviene quando si acquista una macchina nuova. Inoltre, trovate il modo per pagare presto la vostra auto in modo da non dover pagare interessi su di essa. Una volta pagata, semplicemente depositate l'importo corrispondente alle rate auto che non dovrete più pagare sul vostro conto di risparmio ed iniziate a guadagnare interessi sugli interessi.

Capitolo 6

Ridurre il conto di risparmio

"Le bozze che il vero genio lascia ai posteri, benché non sempre potranno essere onorate immediatamente, saranno poi pagate alla fine con interesse composto."

Charles Caleb Colton

L'interesse composto è facile da creare e veloce da accumulare una volta iniziato. Aprite un conto di risparmio con interessi presso una banca (assicuratevi di trovare una banca che offra il tasso di interesse più elevato). Iniziate a fare versamenti ogni mese dell'importo specifico che potete permettervi di fare. Ricordate, più verserete, più interesse si accumulerà. È incredibile come anche un basso tasso di interesse possa consentirvi di accumulare rapidamente reddito da interessi.

I conti di risparmio presso diverse banche si possono comporre mensilmente, trimestralmente o ogni anno. Cercate sempre il periodo di tempo più breve che è comunemente l'opzione mensile. Assicuratevi che vi vengano pagati Interessi mensili sui risparmi. Molte banche online offrono tassi di interesse più elevati rispetto alle banche con filiali fisiche, in quanto non hanno i costi generali di mantenimento di tali filiali. Dovreste informarvi su quanti interessi pagano alcune banche online. Assicuratevi di non aprire un conto che abbia spese di mantenimento o penali di equilibrio minimo, poiché queste spese eroderanno i vostri guadagni di interessi. Alcune banche pagano anche un bonus quando aprite un conto con un importo specifico, il che è un ottimo modo per iniziare a risparmiare finché non ci sono tasse o richieste nascoste ogni mese.

Quando iniziate ad effettuare depositi mensili per il vostro conto di risparmio, cercare di mantenere sempre lo stesso importo ogni mese e di effettuare il versamento sempre nello stesso giorno del mese, in modo che diventi per voi un'abitudine. Potrebbe essere una buona idea far effettuare dalla banca trasferimenti automatici dal vostro conto corrente al vostro conto di risparmio, in uno specifico giorno ogni mese.

Assicuratevi che il passaggio avvenga uno o due giorni dopo l'accredito dello stipendio, in modo da non spendere il denaro prima di trasferirlo. Molti investitori di successo suggeriscono di risparmiare almeno il 10% di quello che guadagnate ogni mese e pagate prima voi stessi e poi pensate alle spese. Questo è il modo migliore per garantire che ci si attenga al piano anziché chiedersi ogni mese quanto si dovrebbe depositare del proprio guadagno nel conto di risparmio.

Perché le attività liquide sono cosa buona?

Ricordate che i conti di risparmio sono attività liquide, il che significa che potete ritirare i vostri soldi in qualsiasi momento. Se trovate un'altra banca che sta offrendo un tasso di interesse più elevato, potete trasferire il vostro denaro in quella banca il giorno stesso. Avere attività liquide vi dà la flessibilità di scegliere le possibilità che avete per il loro utilizzo. Se disponete di un certificato di deposito, guadagnate interesse, ma non è possibile ritirare i soldi finché il contratto scade o altrimenti avrete penalità e forse altre tasse, inoltre gli interessi non si comporranno automaticamente ogni mese. Inoltre, quando si dispone di un certificato di deposito si è bloccati ad un tasso di interesse e non potrete beneficiare se altre banche inizieranno a pagare un tasso di interesse più elevato sui loro conti di risparmio o sul conto del mercato monetario durante quel periodo di tempo. Ecco perché è importante considerare un elevato tasso di interesse, così come avere la flessibilità di spostare i vostri soldi quando volete.

I benefici di avere un conto di risparmio:

- può comporre interesse su base mensile.
- è liquido e disponibile per voi in qualsiasi momento.

- alcuni tassi di interesse possono essere altrettanto elevati di altri conti del mercato monetario o dei certificati di deposito.

- avete la flessibilità di spostare i vostri soldi su un altro conto con interessi più alti.

- potete fare normalmente tutti i versamenti che volete.

- è considerato un investimento più sicuro di altri prodotti non certificati.

Aspetti negativi di avere un conto di risparmio:

- potreste ricevere un tasso di interesse più elevato su un altro investimento.

- crescerà solo se continuerete a fare versamenti aggiuntivi e/o quando vi saranno pagati gli interessi su di esso.

- non avrete il beneficio dei pagamenti di dividendi o del patrimonio netto come nel caso di altri investimenti.

ESEMPI DI INTERESSE COMPOSTO

Considerando che ognuno ha una situazione finanziaria diversa per quanto riguarda il risparmio, fornirò diverse somme di risparmio e tassi di interesse, indicando in che modo l'interesse composto potrebbe dare vantaggi nel corso di 30 anni.

Supponiamo che l'interesse sia composto mensilmente.

Se effettuate versamenti mensili di 500 € su un conto di risparmio che guadagna l'1%

Se disponete di un conto di risparmio che guadagna l'1% (in media nel periodo di 30 anni) e versate la stessa somma ogni mese, in questo caso sarebbe di 500 €, si accumulerebbero circa 209.814 €.

Se fate versamenti mensili di 500 € su un conto di risparmio che guadagna il 2%

Se avete un conto di risparmio che guadagna il 2% (in media, nel periodo di 30 anni) e versate la stessa somma ogni mese, in questo caso 500 €, accumulereste circa 246.363 €.

Se effettuate versamenti mensili di 500 € su un conto di risparmio che guadagna il 3%

Se disponete di un conto di risparmio che guadagna il 3% (in media nel periodo di 30 anni) e versate la stessa somma ogni mese, in questo caso sarebbe di 500 €, si accumulerebbero circa 291.368 €.

Se effettuate versamenti mensili di 1.000 € su un conto di risparmio che guadagna l'1%

Se disponete di un conto di risparmio che guadagna l'1% (in media nel periodo di 30 anni) e versate la stessa somma ogni mese, in questo caso sarebbe di 1000 €, si accumulerebbero circa 419.628 €.

Se fate versamenti mensili di 1.000 € su un conto di risparmio che guadagna il 2%

Se avete un conto di risparmio che guadagna il 2% (in media, nel periodo di 30 anni) e versate la stessa somma ogni mese, in questo caso 1.000 €, accumulereste circa 492.725 €.

Se effettuate versamenti mensili di 1.000 € su un conto di risparmio che guadagna il 3%

Se avete un conto di risparmio che guadagna il 3% (in media, nel periodo di 30 anni) e versate la stessa somma ogni mese, in questo caso 1.000 €, accumulereste circa 582.737 €.

Se effettuate versamenti mensili di 2.000 € su un conto di risparmio che guadagna l'1%

Se disponete di un conto di risparmio che guadagna l'1% (in media nel periodo di 30 anni) e versate la stessa somma ogni mese, in questo caso sarebbe di 2.000 €, si accumulerebbero circa 839.256 €.

Se fate versamenti mensili di 2.000 € su un conto di risparmio che guadagna il 2%

Se avete un conto di risparmio che guadagna il 2% (in media, nel periodo di 30 anni) e versate la stessa somma ogni mese, in questo caso 2.000 €, accumulereste circa 985.451 €.

Se effettuate versamenti mensili di 2.000 € su un conto di risparmio che guadagna il 3%

Se disponete di un conto di risparmio che guadagna l'3% (in media nel periodo di 30 anni) e versate la stessa somma ogni mese, in questo caso sarebbe di 2.000 €, si accumulerebbero circa 1.165.474 €.

Se effettuate versamenti mensili di 4.000 € su un conto di risparmio che guadagna l'1%

Se disponete di un conto di risparmio che guadagna l'1% (in media nel periodo di 30 anni) e versate la stessa somma ogni mese, in questo caso sarebbe di 4.000 €, si accumulerebbero circa 1.678.513 €.

Se fate versamenti mensili di 4.000 € su un conto di risparmio che guadagna il 2%

Se avete un conto di risparmio che guadagna il 2% (in media, nel periodo di 30 anni) e versate la stessa somma ogni mese, in questo caso 4.000 €, accumulereste circa 1.970.902 €.

Se effettuate versamenti mensili di 4.000 € su un conto di risparmio che guadagna il 3%

Se avete un conto di risparmio che guadagna il 3% (in media, nel periodo di 30 anni) e versate la stessa somma ogni mese, in questo caso 4.000 €, accumulereste circa 2.330.948 €.

Se effettuate versamenti mensili di 6.000 € su un conto di risparmio che guadagna l'1%

Se disponete di un conto di risparmio che guadagna l'1% (in media nel periodo di 30 anni) e versate la stessa somma ogni mese, in questo caso sarebbe di 6.000 €, si accumulerebbero circa 2.517.769 €.

Se fate versamenti mensili di 6.000 € su un conto di risparmio che guadagna il 2%

Se avete un conto di risparmio che guadagna il 2% (in media, nel periodo di 30 anni) e versate la stessa somma ogni mese, in questo caso 6.000 €, accumulereste circa 2.956.352 €.

Se effettuate versamenti mensili di 6.000 € su un conto di risparmio che guadagna il 3%

Se avete un conto di risparmio che guadagna il 3% (in media, nel periodo di 30 anni) e versate la stessa somma ogni mese, in questo caso 6.000 €, accumulereste circa 3.496.421 €.

Se effettuate versamenti mensili di 8.000 € su un conto di risparmio che guadagna l'1%

Se disponete di un conto di risparmio che guadagna l'1% (in media nel periodo di 30 anni) e versate la stessa somma ogni mese, in questo caso sarebbe di 8.000 €, si accumulerebbero circa 3.357.026 €.

Se fate versamenti mensili di 8.000 € su un conto di risparmio che guadagna il 2%

Se avete un conto di risparmio che guadagna il 2% (in media, nel periodo di 30 anni) e versate la stessa somma ogni mese, in questo caso 8.000 €, accumulereste circa 3.941.803 €.

Se effettuate versamenti mensili di 8.000 € su un conto di risparmio che guadagna il 3%

Se avete un conto di risparmio che guadagna il 3% (in media, nel periodo di 30 anni) e versate la stessa somma ogni mese, in questo caso 8.000 €, accumulereste circa 4.661.895 €.

Se effettuate versamenti mensili di 10.000 € su un conto di risparmio che guadagna l'1%

Se disponete di un conto di risparmio che guadagna l'1% (in media nel periodo di 30 anni) e versate la stessa somma ogni mese, in questo caso sarebbe di 10.000 €, si accumulerebbero circa 4.196.282 €.

Se fate versamenti mensili di 10.000 € su un conto di risparmio che guadagna il 2%

Se avete un conto di risparmio che guadagna il 2% (in media, nel periodo di 30 anni) e versate la stessa somma ogni mese, in questo caso 10.000 €, accumulereste circa 4.927.254 €.

Se effettuate versamenti mensili di 10.000 € su un conto di risparmio che guadagna il 3%

Se avete un conto di risparmio che guadagna il 3% (in media, nel periodo di 30 anni) e versate la stessa somma ogni mese, in questo caso 10.000 €, accumulereste circa 5.827.369 €.

Che conclusioni potete trarre?

Da questi esempi potete capire la potenza dell'interesse composto. Più si risparmia, più interesse si può comporre nel tempo. Ecco perché è così importante trovare un modo per ridurre le spese ed aumentare il reddito. Questo vi permetterà di risparmiare di più e di guadagnare più interesse ogni mese.

Non è necessario essere un genio della matematica per vedere che piccole quantità possono accumularsi rapidamente quando si effettuano depositi mensili costanti che vanno a comporre interesse su interesse. Basta farlo e accade!

SINTESI CAPITOLO

L'interesse composto è un gran lavoratore che può essere parte della vostra vita finanziaria. Fate che il denaro sia il vostro dipendente, non il vostro capo e aprite un conto di risparmio che vi faccia guadagnare ogni mese su base costante. Controllate con il vostro consulente bancario che l'interesse si componga su base mensile, in modo da poter vedere gli effetti dell'interesse composto al lavoro.

Ricordate, il denaro è vostro. Non è il denaro che possiede voi. Iniziate a farlo lavorare in modo che cresca più velocemente attraverso un interesse composto.

Capitolo 7

Ridurre le vostre spese per creare reddito passivo

"Il bene ed il male crescono entrambi ad interesse composto. Ecco perché le piccole decisioni si prendono ogni giorno sono di immensa importanza."

C. S. Lewis

La maggior parte delle persone ha l'abitudine di pagare cose di cui non hanno bisogno e che neppure usano. Le iscrizioni ed i pagamenti annuali della carta di credito vengono comunemente pagati e nella maggior parte dei casi sono inutili. Fate un elenco dettagliato di quello che pagate ogni mese, vi fornirà uno sguardo su quanto state spendendo e dove ci potrebbe essere risparmio. Create un piano di eliminazione spese che vi aiuti ad avere risultati.

Ecco un elenco delle spese che potreste avere e sulle quali potreste intervenire per avere qualche beneficio.

- Le uscite a cena

- Le tasse annuali della carta di credito

- Abbonamenti e-mail o siti web

- Bottiglie d'acqua di plastica

- Snack vari

- Abbigliamento costoso

- TV via cavo

- Internet

- Benzina

- Assicurazioni auto

- Spese scolastiche

- Spese mediche

- Shopping compulsivo

- Viaggi

- Spese aziendali

- Bolletta dell'acqua

- Bolletta elettricità

- Affitto o mutuo

- Pagamenti sull'auto

- Imposte sul reddito

- Cellulare

Queste sono solo alcune delle spese che la maggior parte delle persone hanno, ma potete sempre aggiungerne altre alla lista.

Consideriamole una per una:

Mangiare fuori può essere molto divertente ma spesso costoso e non molto sano. Provate a preparare il cibo a casa e portarlo al lavoro. Vi accorgerete che perderete peso più velocemente se vi porterete al lavoro il vostro cibo, anziché mangiare fuori. Fare un pic-nic o mangiare all'aperto può anche essere rilassante e farvi bene se mangerete cibi sani e nutrienti. La maggior parte dei ristoranti che sono disponibili durante il pranzo e la cena offrono cibi ad alto contenuto di carboidrati che in ultima analisi vi fanno prendere peso in un modo insalubre. Spesso offrono prodotti farinacei: pizza, panini, pasta, involtini, ecc. Le proteine magre, i frutti, le insalate e le noci sono noti per aiutarvi a controllare il peso corporeo e forniscono meno sbalzi nei livelli di energia durante la giornata.

Le tasse annuali della carta di credito sono spesso inutili e vi fanno spendere inutilmente un sacco di risparmi. Chiamate la vostra società di carte di credito e chiedere loro se potete modificare il vostro contratto di carta di credito o eliminare la tassa annuale che addebitano. Nella maggior parte dei casi vi aiuteranno a risolvere questo problema. Non date via soldi gratuitamente.

Abbonamenti e-mail o siti web possono essere spese che ci dimentichiamo e che appaiono ogni mese o su base annua passando inosservate. Certamente sono stati importanti in qualche momento, ma sono necessari ora? Controllate tutti i vostri abbonamenti e scoprite cosa utilizzate veramente e di quali non avete più bisogno. Sarete sorpresi di scoprire tutto ciò che state pagando e che non usate più.

Bottiglie di acqua di plastica dovrebbero essere utilizzate solo in situazioni di emergenza e non come abitudine quotidiana. Trovate un contenitore d'acqua che potete portare comodamente con voi e riempitelo d'acqua. Se si desidera acqua di alta qualità, è sufficiente acquistare un sistema di filtro dell'acqua che ridurrà le tossine nell'acqua potabile. Per una migliore qualità dell'acqua, acquistate un filtro dell'acqua ad osmosi inversa. Non sono così costosi, come la maggior parte delle persone pensa, e spesso forniscono un vantaggio significativo quando si tratta della qualità dell'acqua che si beve. Questi possono eliminare una gran parte delle tossine e di altri materiali presenti in acqua tra cui: metalli, cloro, fluoruro, batteri ecc. Alcune bottiglie d'acqua vendute nei negozi non forniscono la qualità che pubblicizzano. Se volete controllare la qualità dell'acqua della vostra bottiglia, utilizzate semplicemente un mini tester di qualità dell'acqua. Sono molto economici e valgono i soldi spesi. Quando controllate la qualità dell'acqua con uno di questi tester di qualità dell'acqua, non vi piacerà quello che vedrete e sarete costretti ad acquistare un sistema di filtro a osmosi inversa. Queste sono spese che affrontate una sola volta, anziché spese ricorrenti come nel caso dell'acquisto di bottiglie d'acqua su base giornaliera o settimanale.

Gli snack vari, sono gustosi ma vi fanno aumentare le spese ed anche il peso. Se prendete l'abitudine di portare con voi cibi sani, invece di mangiare ciò che trovate quando uscite, sarà molto più facile resistere alla tentazione. Diventate persone che si portano il loro cibo. Prendete un piccolo zaino o una borsina e riempiteli con frutta cruda, frutta secca, noci, verdure e altri alimenti sani e deliziosi. È molto semplice, tutto quello che dovete fare è pianificare ciò che volete mangiare e metterlo in una scatoletta per il giorno successivo o per il resto della giornata. La maggior parte degli snack non hanno valore nutrizionale, il che significa che il corpo non ne trae alcun beneficio nutritivo. Nessuna vitamina, nessun minerale, nessuna energia, nessun beneficio positivo. Gli effetti di un alimento sano rispetto al cibo spazzatura, si osserveranno nel tempo. Se il vostro stomaco è pieno di alimenti sani, non sarete più interessati al cibo spazzatura.

Se siete al supermercato, saltate semplicemente i reparti che propongono snack e simili e farete l'abitudine a non passarci più.

L'abbigliamento costoso è una spesa facile da ridurre. Semplicemente pianificate in anticipo. Scoprite cosa vi serve e quando sarà in vendita. Alcuni negozi fanno svendite annuali in determinate date o stagioni. Ricordate di acquistare gli abiti invernali nei mesi estivi e e gli abiti estivi in inverno, in questo modo avrete maggiori sconti. Fare acquisti online è anche un ottimo modo per risparmiare. I negozi al dettaglio online spesso offrono un prezzo scontato che non si otterrà se acquistate lo stesso articolo andando in un negozio.

La TV via cavo è stata la spesa preferita per la maggior parte delle famiglie per molti anni, ma i tempi sono cambiati e la nuova tecnologia ha permesso a molte persone di eliminare il cavo e di sostituirlo con applicazioni online alle quali è possibile accedere attraverso vostro telefono, proiettando poi sul televisore. Ci sono dispositivi che consentono di inoltrare i vostri spettacoli e film preferiti sul televisore dal vostro smartphone, senza un abbonamento mensile. Diventano una spesa unica.

Milionario Con L'interesse Composto

Internet è necessario per la maggior parte delle persone e una spesa che si deve sostenere per svolgere attività lavorative ed altre attività quotidiane. Per questa ragione, è una buona idea cercare in giro le migliori tariffe di servizio sul mercato. La maggior parte dei fornitori di internet hanno un'offerta speciale in corso che non vi dicono, se no la chiedete espressamente.

La benzina è stata una spesa classica per tutti coloro che possiedono un'auto. Grazie a automobili ibride, elettriche e presto a energia solare, il costo del gas e della benzina sarà notevolmente ridotto. Considerate queste opzioni quando acquistate una macchina, in quanto vi farà risparmiare una significativa quantità di denaro nel tempo. Se non avete uno di questi tipi di auto e desiderate ancora risparmiare sul gas o la benzina, cercate il benzinaio che pratica i prezzi migliori ed andate sempre da lui. Altri modi per risparmiare sono: ottenere una carta sconti, passare ad un veicolo più piccolo, abbassare il consumo di aria condizionata, prendere pneumatici nuovi, ecc.

L'assicurazione auto è una spesa molto inconsistente quando si tratta di fornitori di assicurazioni automobilistiche. Se chiamate diverse compagnie, vi accorgerete che può esserci una differenza di costo

83

doppia o anche tripla. Cercate sempre in giro i prezzi assicurativi più bassi poiché questo vi consentirà di risparmiare denaro. Assicuratevi di chiedere loro quali sconti possono fornirvi, poiché ci sono sconti ai quali potete aver diritto. Fate più di due chiamate e sentite le maggiori aziende in quanto, possono offrire le tariffe più basse la maggior parte dei casi.

Il materiale scolastico può essere costoso o poco costoso a seconda di quello che vi serve e del costo di queste cose. Se voi o i vostri figli dovete pagare il materiale scolastico, comprate sempre online, in primo luogo spesso si trovano prezzi più bassi che nei negozi. Se preferite andare in negozio invece che acquistare online, assicuratevi di trovare lo stesso articolo in linea e stampate l'articolo con il prezzo in modo da poter avere il prezzo del negozio corrispondente a quello pubblicizzato online. Molti negozi hanno adottato questa opzione per essere in grado di competere con i negozi online. Un altro ottimo modo per risparmiare sul materiale scolastico è quello di acquistare quello che vi serve mesi prima, perché la maggior parte dei prezzi salgono subito prima dell'inizio della scuola, il che significa che avete pagato più di quanto avreste dovuto. Se sapete che avrete le stesse spese l'anno successivo, acquistate quelle cose in anticipo quando sono in vendita, di solito quando la scuola è già iniziata e le persone hanno già acquistato. I negozi devono eliminare gli avanzi di magazzino perciò venderanno lo stesso materiale scolastico a prezzi di molto inferiori.

Le spese mediche possono essere spese difficili da coprire. Abbiate cura di pianificare in anticipo l'assicurazione sanitaria e controllate in giro prima di pagare medicinali, controlli, visite e altre spese mediche non urgenti. Una farmacia potrebbe praticare ricarichi del 30-40% in più rispetto ad altri loro concorrenti che potrebbe essere trovarsi proprio dall'altra parte della strada.

Lo shopping compulsivo può essere evitato se sapete cosa stai cercando di acquistare in anticipo. Fate un elenco di tutte le cose che volete acquistare prima di lasciare la vostra casa. In questo modo, avrete un piano di acquisti da seguire. Successivamente, attenetevi alla lista. Non pianificate di acquistare 10 cose ed uscire dal negozio con 20. Inoltre, sappiate riconoscere la differenza tra bisogno e desiderio di qualcosa. Se non avete bisogno di una cosa, non la userete più di un volta, ripensateci.

I viaggi sono una spesa divertente ed emozionante che ognuno sostiene circa una volta all'anno, anche se si guida solo in un'altra città e non necessariamente si prende un aereo o un treno. Prenotate i viaggi online ed in anticipo per ottenere le migliori offerte. Siate flessibili, se potete, su date e località, in quanto molti luoghi in tutto il mondo sono meno richiesti in alcuni periodi dell'anno, in questo modo potrete ridurre le spese complessive e vivere esperienze uniche. Utilizzare miglia aeree, punti di viaggio e coupon di noleggio auto sono altri modi per ottenere sconti significativi o semplicemente ridurre le spese di viaggio totali.

Le spese aziendali sono importanti e molte volte necessarie. Decidete quali spese hanno i vantaggi più significativi sulla vostra azienda e quali no. Alcune spese sono grandi, ma non offrono vantaggi significativi. Analizzate in dettaglio tutte le spese aziendali in quanto troverete sempre qualcosa che non è necessario e che può si eliminare.

La vostra **bolletta dell'acqua** è una spesa che potete controllare facendo una serie di cose diverse. È possibile chiudere il rubinetto dell'acqua mentre ci si spazzola i denti o ci si rade. È possibile imparare a risciacquare i piatti e quindi chiudere il rubinetto dell'acqua quando li si lavano. Fate docce più brevi e impedite di lasciare scorrere l'acqua troppo a lungo prima di entrare nella doccia. Ci sono molte altre cose che potete fare per abbassare il tuo conto dell'acqua, abbiate fantasia e non lasciare che l'acqua scorra se non lo si utilizza.

La vostra **bolletta elettrica** Può essere facilmente ridotta facendo alcune cose molto semplici. Spegnete le luci quando uscite di casa o quando non siete in una stanza particolare. Spegnere la TV se non la state guardando. Lavate i vestiti quando la lavatrice è piena invece di lavare ogni volta che avete poche cose. Abbassate il consumo di aria condizionata o riscaldamento, ed usateli solo quando necessario.

Affitto e ipoteca. Queste spese sono di solito grandi spese. La regola generale è che è meglio possedere che affittare, se ce lo si può permettere e se ciò vi consente di risparmiare, dopo aver coperto tutte le spese. Quindi, è sempre meglio possedere la vostra casa senza vincoli invece che avere un'ipoteca, dunque dovete impegnarvi per estinguere il mutuo in maniera intelligente. Ho coperto un intero capitolo su questo argomento, potete rivederlo per capire se è possibile trarre vantaggio da alcune delle idee fornite. Questa è una spesa importante che dovete superare e trovare un modo per ridurla.

I pagamenti auto sono aumentati nel corso degli anni. Un tempo pagare 500 € di spese auto era considerata una spesa alta, mentre oggi 1.200 € sono considerati un pagamento elevato. Per questo motivo, è opportuno ridurre o eliminare questa spesa utilizzando una serie di opzioni diverse, ad esempio: estinguere il debito dell'auto, passare ad un modello leggermente più vecchio ma ancora in ottime condizioni, ottenere un veicolo a basso prezzo, ottenere un veicolo più vecchio che non richiederà affatto pagamenti, ecc. Ci sono molte opzioni diverse tra cui scegliere. L'obiettivo è ridurre o eliminare i pagamenti per auto.

I pagamenti fiscali sono importanti per la società nel suo complesso, ma non possono essere una spesa che dovete avere. Possedere un'attività e approfittare del modo in cui le spese possono essere detratte prima di procedere con i pagamenti fiscali, dovrebbe essere un modalità da prendere in considerazione. Sarebbe opportuno parlare con il vostro commercialista per vedere se potreste beneficiare di questa opzione.

Abbassa le vostre **spese telefoniche**. Chiamate il vostro operatore telefonico e trovate un piano che vi consenta di ridurre i pagamenti. Guardate se avete spese mensili per internet che non utilizzate o se avete servizi che non avete mai usato e che potrebbero essere eliminati. Pagate interamente il cellulare, se avete fatto un finanziamento, per abbassare i pagamenti mensili se necessario. Non pagate alte bollette telefoniche, se potreste pagarne di più basse. Confrontate i servizi dei vari fornitori per vedere se un'altra compagnia potrebbe offrire piani vantaggiosi per farvi risparmiare denaro.

I benefici che ne trarreste

Riducendo queste spese è possibile liberare contanti che potete risparmiare per iniziare a generare proventi da interessi. I piccoli risparmi in ciascuna di queste categorie si sommeranno in grandi quantità. Trovate un modo per ridurre queste ed altre spese nella vostra vita.

Supponiamo che abbiate 2.500 € di spese mensili e siate in grado di ridurle a 1.000 €, potreste risparmiare 1.500 € al mese. Se siete stati in grado di risparmiare 1.500 € ogni mese, depositando questi fondi in un conto di risparmio di interesse con tasso al 1% su base mensile, avreste risparmiato, dopo 30 anni, un totale di 629.442 €. Questo vorrebbe dire avere un bel po' di soldi per andare in pensione e tutto quello che dovevate fare è stato rivedere tutte le tue spese e eliminarle o abbassarle.

SINTESI CAPITOLO

Le spese per la casa e per le attività aziendali rappresentano un'occasione nascosta per convertire i pagamenti di spesa in uscita nei pagamenti passivi in entrata. Riducendo o eliminando le spese attualmente disponibili, potete aumentare la vostra capacità di risparmiare e di iniziare a guadagnare interessi. Si accumulano tante cose e ci affezioniamo ad altre cose di cui non abbiamo veramente bisogno. Eliminate il disordine fisico e mentale dalla vostra vita. Trasformatelo in reddito passivo. Trovate un modo per liberarvi delle spese quotidiane che si sommeranno alla fine in sprechi di soldi anziché in entrate di denaro.

Capitolo 8

Cambiare la vostra vita finanziaria

"Tanto più i pagamenti sono limitati, tanto meglio per voi; poiché gli interessi composti sugli interessi composti sono alla base di questo tesoro."

Ralph Waldo Emerson

Preferite ricevere interessi ogni mese o pagare interessi ogni mese?

Questa è una semplice domanda alla quale la maggior parte delle persone risponde correttamente, ma nella realtà fa l'esatto contrario. La grande maggioranza della popolazione paga ogni mese interessi una banca o un finanziatore in una forma o nell'altra. Poiché tutti sono concentrati sull'aumento del loro reddito e sono impegnati a lavorare di più, non capiscono cosa sta succedendo. L'interesse ogni mese continua a crescere, in questo modo si deve lavorare di più, trascorrere meno tempo con i propri cari e godersi meno la vita. Prendetevi il tempo per rivedere la vostra vita e vedere come si sta proiettando verso il futuro. State lavorando di più o state lavorando meno godendo più tempo libero?

Perché non fare il contrario?

Cosa succede se avete pagato tutti i vostri debiti e smesso di pagare gli interessi ad altri iniziando a risparmiare? Che ne direste se il denaro che risparmiate ogni mese vi pagasse gli interessi? Che ne direste di comporre l'interesse ogni mese e di veder pagati interessi su quell'interesse? Queste sono le domande che dovete iniziare a porvi. Queste sono le domande necessarie per iniziare a darsi delle risposte e a fare qualcosa. Più presto passerete dal pagare gli interessi al ricevere pagamenti di interessi, più rapidamente aumenteranno i redditi e i risparmi.

Che ne direste se tutti gli interessi che pagate sotto forma di finanziamenti diventassero il vostro reddito? Quanto guadagnereste ogni mese? Fermatevi e riflettete su tutto ciò. Fate i conti ed osservate quanto potreste ricevere di reddito passivo da interessi ogni mese, semplicemente avendo il coraggio di essere diversi dal resto e delle persone ed eliminare i vostri debiti.

Le persone più intelligenti e più ricche al mondo seguono questa regola. Lavorano duramente per non avere debiti e non devono pagare gli interessi. Utilizzano anche il potere dell'interesse composto per aumentare il loro patrimonio netto e la qualità della loro vita.

Qual è vostra situazione finanziaria?

Poniamo che questa sia la vostra situazione ogni mese:

Reddito netto: 7.000 €

Pagamenti di interessi sul debito che avete: 680 €

Altre spese: 4.300 €

Conto di risparmio (attività): 30.000 €

Totale risparmi mensili: 2.020 €

Vediamo quanto potreste accumulare in 30 anni utilizzando un calcolatore di interessi composti mensilmente ad un tasso di interesse del 1%.

Alla fine dei 30 anni avreste composto un totale di 888.140 € utilizzando i vostri risparmi di 30.000 € come deposito iniziale di apertura del conto per iniziare ad accumulare interessi composti.

TOTALE INTERESSE COMPOSTO: 888.140 €

Se pagate tutti i vostri debiti

Che cosa succede se pagate tutti i vostri debiti eliminando i pagamenti di interessi utilizzando 25.000 € dei vostri risparmi?

Vediamo quale sarebbe il risultato ogni mese:

Reddito netto: 7.000 €

Altre spese: 4.300 €

Conto di risparmio (attività): 5.000 €

Totale risparmi mensili: 2.700 €

Alla fine dei 30 anni accumulereste un totale di 1.139.745 € utilizzando i vostri risparmi di 5.000 € come deposito iniziale di apertura del conto per iniziare ad accumulare interessi composti.

TOTALE INTERESSE COMPOSTO: 1.139.745 €

Se pagate i vostri debiti ed eliminate le spese

Cosa succede se avete pagato tutti i vostri debiti ed avete eliminato i pagamenti di interessi usando 25.000 € del vostro patrimonio di risparmio ed abbassando le tue spese a 2.000 € ogni mese?

Vediamo quale sarebbe il risultato ogni mese:

Reddito netto: 7.000 €

Altre spese: 2.000 €

Conto di risparmio (attività): 5.000 €

Totale risparmi mensili: 5.000 €

Alla fine dei 30 anni avreste accumulato un totale di 2.104.890 € utilizzando i vostri risparmi di 5.000 € come deposito iniziale di apertura del conto per iniziare ad accumulare interessi composti.

TOTALE INTERESSE COMPOSTO: 2.104.890 €

Qual è la differenza?

La differenza tra pagare gli interessi ed avere spese elevate ed eliminare tutto il debito e ridurre le spese è che la vostra capacità di risparmio è cresciuta da 2.020 € a 5.000 € ogni mese.

Quando si guarda a quello che potreste risparmiare inizialmente utilizzando un interesse composto (888.140 €) rispetto quello che potreste risparmiare dopo aver eliminato tutti i debiti ed abbassato le spese (2.104.890 €), si ha una differenza di 1.216.750 €. Questa è una grande differenza quando si tratta di risparmiare.

2.104.890 € - 888.140 € = 1.216.750 €

Siete stati in grado di risparmiare altri 1.216.750 € in 30 anni semplicemente pagando i debiti e abbassando le spese.

Ecco perché è una buona idea eliminare i pagamenti degli interessi e ridurre le spese.

SINTESI CAPITOLO

A chi pensa che pagare i propri debiti non cambierà le proprie finanze dico: ripensateci. Se pagate tutti i vostri debiti, tutto cambierà. Potrete risparmiare di più ed aumentare la quantità di denaro che potete accumulare ogni mese. Eliminando le spese, creerete un effetto onda ancora maggiore nel corso del tempo. Datevi la priorità di aumentare la vostra capacità di risparmio. Per risparmiare di più dovete spendere meno e fare più soldi. Entrambe le cose dipendono da voi. Smettete di pagare altri ed iniziate a guadagnare interessi. Imparate a vivere una vita libera dal punto di vista finanziario, ponendo fine alla schiavitù del debito.

Capitolo 9:

Diventare milionari con l'interesse composto

"La natura usa effetti cumulativi per crescere e diffondersi. Gli esseri umani dovrebbero usare l'interesse composto per crescere e diffondersi finanziariamente. "

Anonimo

Diventare un milionario con l'interesse composto è possibile. Per diventare milionari con l'interesse composto potete iniziare mettendo in pratica le seguenti cose, semplici ma efficaci:

1. Mettete insieme tutti i vostri debiti e scoprite di quanto tempo avrete bisogno per pagarli.

2. Pagate i vostri debiti uno ad uno, anche se vi possono sembrare grandi.

3. Decidete che sacrifici fare nella tua vita per ridurre le spese ed aumentare i risparmi.

4. Aumentate il vostro reddito diventando creativi: cercate un altro lavoro, iniziate la vostra attività, fate baby-sitting, tutoring, taglio del prato per i vicini,

affittate uno spazio nella vostra casa (camera degli ospiti, camera da letto, o un altro spazio), ecc.

5. Sommate tutti i pagamenti che avete eliminato e d'ora in avanti versateli sul conto di risparmio.

6. Utilizzate un simulatore di interessi composti e scoprite quanto tempo vi servirebbe per diventare milionari utilizzando solo i versamenti da fare e il reddito che ne risulterà potrà essere risparmiato ogni mese. Ad esempio, se le spese sono di 2.200 € al mese ed avete trovato un modo per tagliare le spese e pagare tutti i vostri debiti in modo da far scendere tale importo a 1.000 €, basta depositare l'importo dei pagamenti eliminati ogni mese in un conto di risparmio con interessi (spese di 1.200 + 3.000 € di reddito = 4.200 € da depositare). Utilizzate un tasso di interesse iniziale del 1%, anche se il tasso medio in 30 anni sul vostro conto di risparmio potrebbe essere più alto alla fine. Assicuratevi di scegliere l'opzione Interessi composti mensili poiché dovreste ricevere pagamenti di interessi mensilmente non annualmente.

7. Una volta calcolato quanto tempo ci vuole per diventare un milionario utilizzando i depositi delle spese eliminate più il reddito residuo dopo aver pagato le spese conseguenti, potete giocare con aumenti o diminuzioni del vostro reddito in modo da essere

pronti per grandi cambiamenti nel vostro futuro finanziario, preparandoli in anticipo.

8. Sul simulatore di interessi composti usate il 2% come tasso di interesse e poi il 3% per vedere quanto tempo vi servirebbe per raggiungere un milione anche se siete in grado di trovare un conto di risparmio che renda di più. Non superate il 3% perché dovete utilizzare un numero che sia realistico quando calcolate la media dei tassi di interesse in 30 anni. I tassi di interesse del conto di risparmio andranno su e giù ogni anno, per questo utilizzate un numero basso ai fini di calcolo. Assicurati cercare in giro per trovare la banca che paga il maggior interesse, anche se è una banca online.

9. Quando scoprte quanto tempo vi servirà a raggiungere un milione, riducete questo lasso di tempo aumentando l'importo da risparmiare ogni mese.

10. Se volete accelerare il processo, trovate un modo per aumentare il vostro reddito e ridurre ulteriormente le spese. Avviate un'attività, passare ad un lavoro meglio pagato, chiedete un aumento, abbassate le tasse con l'aiuto del vostro commercialista, ecc.

Qual è il prossimo passo?

Prendete in mano il controllo della vostra vita finanziaria e del vostro futuro. Smettete di aspettare che altri vi forniscano le soluzioni proponendovi investimenti ad alto rischio o irrealistici risultati futuri per il vostro denaro. Cogliete l'opportunità e concedetevi la libertà di godervi la vita nel modo che desiderate. Mettere alla prova le vostre finanze non dovrebbe essere necessario se pianificherete in modo da aver successo.

I ricchi non pagano interessi. I ricchi vivono dei pagamenti di interessi e di reddito passivo. Usano le aziende per sfruttare i vantaggi fiscali, per massimizzare il loro potenziale di guadagno e risparmiare ancora di più. Iniziate ad utilizzare l'interesse composto nelle vostre finanze e nella vostra vita. Cominciate a cumulare l'amore, la salute, la tua capacità di condividere e curare altri, le vostre relazioni e la vita in generale.

SINTESI CAPITOLO

Seguite i passaggi descritti in questo capitolo. Evitate di deviare dal piano e rimanete fedeli al vostro obiettivo di risparmio. Siate disciplinati nelle vostre spese. Quando iniziate a vedere i risultati finanziari positivi, vi sentirete ricaricati e e motivati a proseguire con quello che state facendo. Ciò accumulerà emozioni nella vostra vita. Sarete più felici, più energici e maggiormente motivati ad aumentare la vostra capacità di guadagno e risparmiare di più. Fare questo cambierà la vostra vita.

Capitolo 10

Riassumendo il tutto

"Prestate molta attenzione agli effetti cumulativi della vostra vita perché saranno il vostro risultato finale."

Anonimo

In generale, la componente chiave per aumentare il vostro interesse composto è aumentare la quantità di denaro che potete risparmiare ogni mese. Per fare questo, è necessario fare tre cose molto importanti:

1 Abbassare tutte le tue spese ed eliminare i debiti

Considerare tutte le vostre spese e vedere quali non sono necessarie o possono essere eliminate. Abbassando le spese, aumenterete la vostra capacità di risparmio.

Ecco un semplice esempio:

Reddito familiare totale: 6.000 €

Totale spese: 3.000 €

Capacità di risparmio al mese: 3.000 €

Se hai abbassato le tue spese fino a 2.000 €, il tuo risparmio totale aumenterebbe a 4.000 € ogni mese.

6.000 € - 2.000 € = 4.000 € in risparmi totali al mese.

2 Avviate una vostra attività anziché essere un dipendente

Ricordate che, quando possiederete la vostra attività, potrete dedurre le spese prima di pagare le tasse, questo ti aiuterà a risparmiare di più.

Ecco un esempio di ciò che una persona salariata risparmia ogni mese:

Persona salariata

Reddito familiare totale: 6.000 €

Tasse del 30%: 1.800 €

Totale reddito familiare netto: 4.200 €

Totale spese: 2.000 €

Capacità di risparmio al mese: 2.200 €

6.000 € x 0,30 = 1.800 €

6.000 € - 1.800 € = 4.200 €

4.200 € - 2.000 € = 2.200 € risparmi totali sui quali potete iniziare a guadagnare interesse.

Ecco un esempio di ciò che un imprenditore risparmia ogni mese:

Imprenditore

Reddito familiare totale: 6.000 €

Totale spese: 2.000 €

Reddito familiare totale: 4.000 €

Tasse del 30%: 1.200 €

Capacità di risparmio al mese: 2.800 €

6.000 € - 2.000 € = 4.000 €

4.000 € x 0,30 = 1.200 €

4.000 € - 1.200 € = 2.800 € risparmi totali si può iniziare a guadagnare interesse.

Il proprietario di una azienda è stato in grado di risparmiare 600 € in più di un dipendente salariato. Nel tempo questo può avere un rapido effetto cumulativo. In un anno, si tratterebbe di 7.200 € in più. In 10 anni, il totale sarebbe di 72.000 € . Tanto per darvi un'idea.

3 Depositate i vostri risparmi ogni mese in un conto di risparmio con interesse che si compone ogni mese

Se un imprenditore è in grado di risparmiare 2.800 € ogni mese, può depositare questi risparmi in un conto di risparmio ad un tasso di interesse del 1% e che componga interessi su base mensile.

Dopo 30 anni, i risparmi dovrebbero crescere fino a 1.174.959 €.

Non è magia. Non è qualcosa di insolito poter risparmiare questa somma di denaro. Semplicemente funziona. L'interesse composto, insieme al il risparmio costante farà crescere nel tempo le cifre in modo incredibile. Ecco come diventare milionari con l'interesse composto.

NOTA: Assicuratevi di avere un ulteriore conto di risparmio di emergenza ed un conto separato per le spese, che potrebbe essere il vostro conto corrente. In questo modo resisterete alla tentazione di prendere i soldi dal vostro conto di risparmio a lungo termine. Il vostro conto di risparmio di emergenza potrà avere minori versamenti su base mensile in quanto non dovreste avere emergenze sempre, ma dovete essere preparati nel caso in cui si presentasse qualche problema.

SINTESI CAPITOLO

Il risparmio è importante, ma farlo in modo efficiente è ancora più importante. Per essere più efficienti è necessario eliminare i pagamenti degli interessi. È necessario ridurre ed eliminare le spese. È necessario abbassare l'importo pagato per le imposte diventando lavoratori autonomi, dopo aver consultato il tuo consulente per assicurarvi di fare la cosa giusta. Dovete lavorare per aumentare il vostro reddito ogni mese e, soprattutto, è necessario che iniziate a guadagnare interessi composti su base mensile. State fondamentalmente riorganizzando la vostra vita affinché possiate avere un futuro finanziario più felice, di cui potete essere orgogliosi.

CONDIVIDETE LA CONOSCENZA

Come cambierebbe il mondo se meno persone fossero in debito e più persone avessero un reddito passivo sotto forma di reddito di interessi ogni mese? Le persone sarebbero meno stressate? La maggior parte delle persone avrebbero più tempo libero da trascorrere con la famiglia o per fare le cose che desiderano? Come potete aiutare gli altri a realizzare una vera libertà finanziaria ed avere un futuro finanziario di grande successo? Potete iniziare condividendo questo libro con loro.

La scelta di essere finanziariamente liberi è veramente loro, ma hanno bisogno di essere informati. Se sapessero che c'è un modo migliore, la maggior parte delle persone cambierebbe il proprio percorso. La vita significa guardare in prospettiva. Dipende da come si guardano le cose. Se pensate che diventare finanziariamente liberi è possibile, avete ragione, se pensate il contrario avete ragione comunque. Quello che decidete di fare diventa il vostro futuro, quindi decidete di diventare finanziariamente liberi e di aiutare gli altri a fare altrettanto.

Se avete figli, insegnate loro a diventare più accorti sul denaro già in tenera età, anziché guardarli soffrire ciclo del debito, come così tante altre persone. Dovranno iniziare da qualche parte, si potrebbe anche avviarli sulla buona strada insegnando loro l'importanza del risparmio e di fare attenzione alle loro spese. Loro seguiranno i vostri insegnamenti, quindi siate un buon esempio per loro.

IMPARATE - APPLICATE - CONDIVIDETE

GLOSSARIO

Rendimento percentuale annuo: è comunemente noto come tasso annuo effettivo di rendimento, se considerate l'effetto degli interessi composti.

Tasso percentuale annuale: è il costo del credito espresso come tasso di interesse ed include tutti gli interessi e le tasse.

Annualità: È un prodotto finanziario che è stato progettato per raccogliere dei fondi ricevuti da un individuo ed in seguito versare un flusso di pagamenti all'individuo stesso.

Bene: qualsiasi elemento posseduto che aumenta il vostro valore netto. I beni possono essere tangibili o immateriali. Gli beni possono essere liquidi (immediatamente disponibili, ad esempio in contanti) o non liquidi (non immediatamente disponibili, ad esempio la casa).

Ciclo di debito: la progressione del prestito continuativo che porta infine all'incapacità di effettuare pagamenti.

Spese aziendali: sono i costi necessari per gestire un'impresa e possono includere: mezzi tecnici, affitto, ipoteca, acqua, forniture per ufficio, assicurazioni, ecc.

Profitti aziendali: è l'ammontare delle entrate o dei benefici finanziari al netto delle spese, dei costi e delle imposte in un'impresa.

Interesse composto: è l'interesse calcolato sul capitale originale e sull'accumulo degli interessi. È anche conosciuto come "interesse sull'interesse".

Simulatore di interessi composto: una calcolatrice che mostra come un interesse composto può aumentare i vostri risparmi nel tempo.

Certificato di deposito: è un certificato di risparmio con una scadenza fissa che paga un interesse fisso sul capitale depositato. Gli interessi vengono pagati alla data di scadenza.

Conto corrente: è un conto bancario che offre un facile accesso ai vostri soldi. Il conto corrente vi consente di emettere assegni, prelevare fondi, depositare fondi, effettuare acquisti, pagare le bollette è essere considerato un bene liquido.

Debito: denaro dovuto che deve essere restituito in un momento successivo.

Deprezzamento: La perdita di valore di un bene durante la sua vita utile.

Dipendente: qualcuno che viene assunto a stipendio da un datore di lavoro per svolgere un lavoro o un compito specifico.

Equity della casa: Il valore della proprietà in una casa è rappresentato dall'attuale valore di mercato meno i saldi del prestito. È l'interesse di un proprietario nella propria casa.

Le spese famigliari: una ripartizione delle spese personali come: affitto, ipoteca, oggetti utili, cibo, cura del prato, riparazioni, ecc.

Interessi attivi: è il reddito derivato sotto forma di interessi guadagnati in un deposito bancario nel tempo.

Conto del mercato monetario: è un tipo di conto di risparmio bancario che guadagna un interesse più elevato nel tempo rispetto a un normale conto di risparmio. Spesso ha un importo minimo di deposito e altre restrizioni relative ai prelievi e ai depositi.

Valore netto: è il valore di tutto ciò che attualmente possedete, meno tutti i vostri debiti. Le attività meno le passività sono pari al valore netto.

Reddito passivo: è il reddito che si riceve in forma di denaro e che richiede poco o nessuno sforzo di mantenimento.

Reddito da affitto immobiliare: è il reddito derivante dall'affitto di un'unità abitativa meno le spese per mantenerlo.

Entrata da affitto: è qualsiasi reddito che ricevete per l'utilizzo della proprietà.

Risparmi: denaro che è stato accumulato e messo da parte.

Conto di risparmio: è un conto bancario che consente di accumulare denaro in modo sicuro e spesso guadagnare interesse su quei soldi.

Dividendi azionari: è una forma di pagamento che viene effettuata sotto forma di denaro versato da una società ai propri investitori per la proprietà di azioni.

www.ingramcontent.com/pod-product-compliance
Lightning Source LLC
Chambersburg PA
CBHW021115210326
41598CB00017B/1450